रंगभीनें मोती
अतीत की गहराईं से

डॉ. विजय

Copyright © Dr. Vijay
All Rights Reserved.

ISBN 978-1-63806-266-0

This book has been published with all efforts taken to make the material error-free after the consent of the author. However, the author and the publisher do not assume and hereby disclaim any liability to any party for any loss, damage, or disruption caused by errors or omissions, whether such errors or omissions result from negligence, accident, or any other cause.

While every effort has been made to avoid any mistake or omission, this publication is being sold on the condition and understanding that neither the author nor the publishers or printers would be liable in any manner to any person by reason of any mistake or omission in this publication or for any action taken or omitted to be taken or advice rendered or accepted on the basis of this work. For any defect in printing or binding the publishers will be liable only to replace the defective copy by another copy of this work then available.

प्रस्तुत काव्य संग्रह समर्पित है

इस देश की रंगभीनी माटी को (वंदनीय मातृभूमि को)

जो कई रस-रंगो से भीगी हुई है और समाये हुए है अपने अंदर

कई स्वर्णिम रंगभीनी कहानियां ....

क्रम-सूची

प्रस्तावना	vii
भूमिका	ix
पावती (स्वीकृति)	xi
आमुख	xiii
डिस्क्लेमर (अस्वीकरण)	xv
1. अनुक्रमाणिका	1
2. दो रोटी का दान	2
3. रक्त-तलाई के जाबाज़ वीर: हाथी रामप्रसाद	7
4. काल: एक सत्य	12
5. घी का ऋण	18
6. राय-बहादुर सर गंगाराम: आधुनिक शहरों के शिल्पकार	22
7. गुरु-महत्ता	26
8. ब्रज की होली	30
9. भक्त गजराजन केशवन	32
10. राम-शाम अवतार	35
11. मौत का जश्न	41

• v •

प्रस्तावना

इतिहास से अच्छा शिक्षक कोई नहीं हो सकता, अगर कोई सीखना चाहे। इतिहासकार कहते है की इंसानो ने इतिहास से कुछ नहीं सीखा। जो कुछ भी हो, भारत का गौरवशाली स्वर्णिम इतिहास त्याग, वीरता, बलिदान, साहस, उदारता, जीवन के मुलभुत नैतिक मूल्यों और सिद्धांतो के पुनर्सरंक्षण के लिये कई उदाहरण पीछे छोड़ चूका हैं और आगे भी कहानी लिखता रहेगा।
इंसान सीखना चाहे या न सीखें, इतिहास ने हमेशा ये दर्शाया है केवल तलवारोसें जंग नहीं जीती गयी, संपत्ति से पुण्य नहीं ख़रीदा गया, काल चक्र पर किसी का जोर नहीं चला, उदारता ने कभी हिंसा, नफरत या दुश्मनी का दामन नहीं पकड़ा , मानव और प्रकृति का रिश्ता अटूट ही रहा, पराक्रमी महा-पुरुषोंकी-पशु -सैनिको की वफादारी, त्याग-वीरता का आकलन कोई नहीं कर सका।गुरु की महानता और महिमा नित्य अवर्णनीय रहीं।

ये वो रंग-भीनी मिटटी है जिसनें भगवान् को भी मजबूर किया अवतार लेने पर, जिन्हें मनुष्य रूप में इन सभी जीवन चक्र से गुजरना पड़ा और अतीत का हिस्सा बनाना पड़ा।

ऐसे स्वर्णिम इतिहास को शतशः नमन और इनसे ही जुड़ीं हैं नौ- रस -रंगो से भरी ये कवितायें..........

भूमिका

भारत के विविध ऐतिहासिक धरोहरोंकों जब हम भेट देते हैं, विविध प्रदेशो में यात्रा करते हैं तो गौरवशाली इतिहास में घटित कई प्रसंग--कहानियां, वर्णन और घटनायें हमें बार बार ये रोमांच और अहसास दिलाती हैं की भारत की ये मिटटी कई रंग, रस और भावो से भीगी हुयी है और अपनी कोख में समायी हैं त्याग, वीरता, बलिदान, पराक्रम के कई किस्से और कई उदहारण जो समय समय पर मानव समाज को प्रेरित करती रहेगी और नैतिक मूल्यों की तरफ मार्गदर्शन करती रहेगी ।

उन मूल्यों पर विचार करने की आज जरुरत हैं, इसी भूमिका के साथ.........

पावती (स्वीकृति)

मैं आभारी हूँ श्रीमती अनुराधा हवालदार, नागपूर (कलियुगीं मीरा) इनकां, जिनकी दो रचनायें (मौत का जश्न और ब्रज की होली) इस पुस्तिका में सम्मिलित की गयी हैं .

इस काव्य-संग्रह के प्रकाशन पूर्व मैं एक संवेदनशील मुखपृष्ठ (इलस्ट्रेशन) की खोज में था ताकि मेरी सभी कविताओंके भावार्थ, काव्य-संग्रह का शीर्षक परस्पर जुड़ें और इन सबसे निकलने वाला सामाजिक निष्कर्ष -सन्देश पूर्ण-रूपसे पाठकों तक पहुंच सके।

ये काम सरल किया श्री निशांतजी नें, मैं सहृदय आभार व्यक्त करना चाहूंगा श्री निशांत त्रिवेदीजीका (असिस्टेंट प्रोफेसर, पारुल इंस्टिट्यूट ऑफ़ डिज़ाइन, पारुल यूनिवर्सिटी, वड़ोदरा, गुजरात) जिन्होंने मेरी भावनाओंको भली-भांति समझा और इस काव्य-संग्रह का मुख-पृष्ठ 'चित्रण' (इलस्ट्रेशन) एक उत्कृष्ट प्रतिकृति के रूप में सुंदरता के साथ चित्रित किया.

मैं साभार व्यक्त करता हु, डॉ . प्रभास पांडेय, डीन एंड डायरेक्टर, पारुल इंस्टिट्यूट ऑफ़ फाइन आर्ट्स एंड डिज़ाइन, पारुल यूनिवर्सिटी, वड़ोदरा, गुजरात जिन्होंने निशांत सर को जोड़ा मेरे इस प्रोजेक्ट पर काम करने के लिये और 'चित्रण' के साथ इस पुस्तिका को पूर्णता प्राप्त हुई ।

आशा हैं इस चित्रांकन द्वारा कविताओं का रस पाठकों तक प्रभावी रूपसे पहुंचेगा.........

आमुख

सनातन भारतीय वैदिक इतिहास सूर्य के समान तेजस्वी, चमकीला, अखंड, प्रभावशाली, ज्ञानसम्पन्न और गौरवशाली रहा है, जिसपर जितना अभिमान करें उतना कम हैं। ये भारतभूमि देवताओंके अवतारों की, चमत्कारोंकी, ऋषि-महाज्ञानियोके तपस्याओंकी, गुरु-शिष्य के पवित्र बंधन की, समाज-सेवकोंकी उदारता-कर्मठता, वीर पराक्रमी राजा-महाराजा, महापुरुष, उनके देशभक्त युद्ध सैनिक और वफादार स्वामिभक्त पशु-सैनिक के साहस, बलिदान और त्यागकी अमर गाथा गाती है। यहाँ की नदियाँ, पेड़ पौधे, पशु-पक्षी, पर्वत, पुतले तक देश के लिए, मातृभूमि के लिये, धर्म के लिये, स्वाभिमान के लिये, मानवता के लिये अपना कुछ न कुछ योगदान देते हैं एक अमिट छाप छोड़ जातें है। स्वर्णिम इतिहास लिख जाते हैं ।

इस काव्य-संग्रह में इतिहास के गहरे समंदर की गहराईसे कुछ मोती (प्रसंग-घटनायें-कहानियां, वर्णन) जो विविध रंग, रसों और भावों से भीगे हुयें है, उनको चुनकर और कविताओं की माला में पिरोकर पाठको के समक्ष प्रस्तुत करने का एक प्रयास किया है।

आशा हैं, ये प्रयास पाठको को पसंद आएगा और भविष्य में और नयी रचनायें आपके समक्ष लाने मुझे प्रोत्साहित करता रहेगा, इस आशा के साथ.......

डिस्क्लेमर (अस्वीकरण)

कवीनें प्रस्तुत कविताओं का अर्थ और उसकी संवेदना पाठकों के मन की गहराई तक पहुंचाने की सकारात्मक कोशिश सहृदय और सविनय उद्देश्य से की है।

किसी भी जीवित/अजीवित व्यक्ति, प्राणी, वस्तु, वर्ग, जाती, समाज, समूह, व्यवसाय-विशेष, अन्य सामाजिक या राजनितिक घटकों के मन को या हृदय को ठेस पहुंचाने की या किसी की भावना को आहत करने की कवी की कोई इच्छा नहीं हैं, गलती से या संयोग से ऐसा कुछ होता है तो कवी विनम्रता से क्षमाप्रार्थी है।

रचना में कोई भी त्रुटि मिलती है, तो कवी के मर्यादित आकलन या सिमित बुद्धि की गलती समझ इसे नजरअंदाज किया जाये, इस निवेदन के साथ।

आप सभी सें सकारात्मक प्यार, विश्वास और सहयोग की अपेक्षा हैं

   डॉ. विजय

1. अनुक्रमाणिका

1. दो रोटी का दान
2. रक्त-तलाई के जाबाज़ वीर: हाथी रामप्रसाद
3. काल: एक सत्य
4. घी का ऋण
5. राय-बहादुर सर गंगाराम - आधुनिक शहरों के शिल्पकार
6. गुरु-महत्ता
7. ब्रज की होली
8. भक्त गजराजन केशवन
9. राम शाम अवतार
10. मौत का जश्न

• 1 •

2. दो रोटी का दान

एक पेड़ पें, नन्ही गिलहरी
धारियाँ (लकीरें) उसकी, पीठ पे सुनहरी
आस पास के घर मंडराती
रोज़ अपना भोजन जुटाती
उसके पेड़ के करीब
रहता विप्र परिवार गरीब
भिक्षा मांग जीवन बिताता
नित मुखसे हरिगुण गाता

इक बार नियति ने दीं शिक्षा
तीन दिनसे नहीं मिलीं भिक्षा
विप्र परिवार भूख सें तड़पें
दयनीय हालत, अश्रु छलकें
तभी दरवाजे पधारें इक सेठ
दो रोटी दी दान में भेंट
अन्न मिटाता भूख की ऐंठ
अन्न-दान हीं सर्व-श्रेष्ठ
दो रोटी और चार पेट भूखें
आधी रोटी हर शरीर अब चखें
आधी रोटी क्या भूख मिटायें ?
पर जितना पावें, उसमें संतोष पायें
भोजन की बस हों शुरुआत

विधाता की एक और करामात
द्‍वार पैं बजी एक थाप
दिखी वृद्‍धा करती विलाप
हताश वो भी भूखसे पीड़ित
मांगे अन्न रहनेको जीवित
दुविधा सामने हुईं प्रकट
विप्र की स्थिति हुईं बिकट
प्राथमिकता किस कर्त्तव्य कर्म ?
परिवार पोषण या अतिथि धर्म ?
निर्धन ब्राम्हण अधिक परेशान
अतिथि तो ईश्वर समान
अंत में विप्र करें निश्चय
अतिथि-सेवा किया तय
दो रोटी का भोजन करवाया
अतिथि सत्कार पार पड़ाया
परिवार के प्राण कंठ गए सुख
मरते समय हरी नाम श्री मुख
वृद्‍धा की हुई भूख शांत
परिवार का हुआ भूखसे देहांत

कठोर त्याग देख, हरी हुए हर्षल (प्रसन्न)
दिया जीवन, धन धान्य अचल
ऐश्वर्यता का दिया भण्डार
परोपकार का मिला उपहार
गिलहरी देखें सम्पूर्ण प्रसंग
हर्षायें रोम रोम हर अंग

रंगभीनें मोती

हरी कृपा देख हुई आत्म विभोर
दौड़ी विप्र के द्वार की और
जैसे रखी पैर, विप्र द्वार
आधी देह हुई स्वर्णाकार
ये था विप्र (ब्राह्मण) के तप का बल
भूमि गयी तपोभूमि में बदल
(गिलहरिने) मन में लिया पूर्ण संकल्प
स्वर्णदेह सें सम्पूर्ण कायाकल्प
करेगी अन्य तपोभूमि दर्शन
प्राप्त करेगी सम्पूर्ण स्वर्ण तन
निकल पड़ी करने देशाटन
लेकर अर्ध स्वर्ण तन
साथ लिए संकल्पित मन
कुंदन (स्वर्ण) काया प्राप्ति प्रयोजन
अध् जल गगरी छलकत जाए
(गिलहरि) अर्ध- कांचन काया पे इतरायें

पूर्ण भरनें इच्छा की गागर
आ पहुंची इंद्रप्रस्थ नगर
जँहा के थे युधिष्ठर भरतार
धर्म का साक्षात् अवतार
पांडव करते, राजसूय आयोजन
धर्म स्थापना मुख्य प्रयोजन
तपस्वियोंका का महा-सम्मलेन
ज्ञान भक्ति का अद्भुत संयोजन
ऋषि, ज्ञानी, पंडित, विद्वान्

जप, तप, यज्ञ , मंत्र, अनुष्ठान
अन्न वस्त्र गौ भूमि स्वर्ण दान
धर्म सत्संग का मेल मिलान
गिलहरी के खुशीं का, रहा न ठिकाना
आ जो पहुंची, सर्व श्रेष्ठ स्थानां
इच्छाप्राप्तिसे बस थोड़ी ही है दुरी
हर मनोकामना यहाँ होगी पूरी
यज्ञ के चारों और मारें प्रदक्षिणा
कांचन देह की मिल जायें दक्षिणा
परिक्रमा करती चलीं जायें
नन्ही देह थक चूर जायें
इच्छा-पूर्ति के न दिखें आसार
नहीं मिला कांचन (स्वर्ण) देह उपहार

आखिर मन ने मानी हार
संपूर्ण घटना का निकला सार
प्रमाणित हुई अंत में यह बात
राजसूय को मिली विप्रयज्ञ से मात
जिसकी हों जैसी जरुरत
सहायता मिलें उसे तुरंत
दान में छिपीं हों सदेच्छा
सद्कर्म की हों प्रबल इच्छा

दो रोटी निस्वार्थ दान सें, निर्धन घर बनें कल्पवृक्ष
धर्म के बड़े आडम्बर (प्रदर्शन) से, परमार्थ रहा हरदम रुक्ष

दो रोटी दान के तपसे, अर्ध शरीर स्वर्ण से नहाया
स्वर्ण मुद्रा भरां कोष लुटाकर, राजसूय यज्ञ काम न आया
परमार्थसे पूर्ण अन्नदान, अर्ध- कांचन काया दे पाया
धर्म का विस्तृत आयोजन, किंचित देह भी बदल न पाया
सामर्थ्य के अंदर दिया दान, नहीं कहलाता वो उदार
जों दान दें सामर्थ्य के पार, उसकी महिमा अपरम्पार
निष्काम भाव सें हो जो दान, फलित होता वो महादान
विराट राजसूय के आगे, दो रोटी का दान बलवान
विराट राजसूय के आगे, दो रोटी का दान बलवान

3. रक्त-तलाई के जाबाज़ वीर: हाथी रामप्रसाद

मेवाड़ गौरव रक्षण की लड़ाई
विश्व प्रसिद्ध हल्दीघाटी लड़ाई
मेवाड़ पर जब विपदा गहरायी
राजपूत वीरो ने कमर कसायी
मुग़ल-राजपूत संघर्ष कहलायी
इतिहास नें जँहा करवट बद्लायी
हल्दीघाटी में सेना टकरायीं
दिल्ली तख़्त को धूल चटायीं
राजपूतो ने वीरगति पायीं
मुग़लों ने जहां मुंह की खायीं
युद्ध ने रक्त की नदियाँ बहायीं
युद्ध-भूमि भी रक्त से नहायी
लहू से भरी, मानो तलैया बनायी
यही भूमि, 'रक्त-तलाई' कहलायी

राजपूत सेना संख्या में कम
पर साहस शौर्य कहीं से न कम
इनकी हिम्मत देख आसमाँ भी दंग
युद्ध में हावी केसरिया रंग
वीरों के समान, पशु भी लड़ें
वझिर प्यादे संग हाथी घोड़े

यहाँ करे गजसेना की बात
युद्ध में जिसने छोड़ी छाप
महाराणा का वीर प्रिय साथी
'रामप्रसाद' गजसेना युद्धपति हाथी
युद्ध का जब प्रथम चरण आया
'लूगा' हाथी ने मोर्चा संभाला
हुआ 'गजमुक्त' हाथी से युद्ध
प्रथम वार में भेजा परलोक सीध
'लूगा' हाथी बलशाली साहसी
माहुत मरा, तो करनी पड़ी वापसी
अब आयी वीर 'रामप्रसाद' की बारी
दुश्मन संग, रखीं उसनें जंग जारी
दुश्मन से लोहा लेने की ठानी
उनके समान, कोई दूसरा न सानी
सूंड में पकडे पिच्यासी किलो तलवार
घोड़े, हाथी, सेना पर निरंतर वार
रणभूमि में प्रचंड विध्वंस मचायें
दुश्मन को लोहे के चने चबवायें
चक्र-व्यूह भेद मचाई तबाही
शत्रु सेना में मची त्राहि-त्राहि
सेना पर किया भीषण प्रहार
जान माल संग करें शत्रु संहार

दुश्मन हाथी उनपर टूटें
राम का क्रोध सब पर फूटें
'राजराज', 'पंजरणमदार', या 'गुलफ़ाम'

रामप्रसाद के आगे सब नाकाम
तेरह हाथियों का किया काम तमाम
दुश्मन भी करें, इस शौर्य को प्रणाम
सबकीं नाक में दम कर डाला
दुश्मन मोर्चा ध्वस्त कर डाला
घटी घटना, जिसका न अनुमान
जिस हादसे ने बदला , युद्ध परिणाम
'मर्दाना' की तलवार से, चेतक का पाँव हुआ घायल*
फिर भी राणा को लें भागें, शत्रु देख हुए कायल

शत्रु सेना का अब मनोबल हर्षाया
राम को दबोचने का जाल बिछाया
अब चौदह माहुतों नें चक्रव्यूह बनवाया
सात हाथियों का घेराव करवाया
रामप्रसाद को चक्र-व्यूह में फसवाया
गोली मार कर माहुत मरवाया
संघटित प्रहार से हुयें पराजित
सेना बीच घिरें, कियें गए बन्दित

कैदित राम को दिल्ली भिझवाया
'पीरप्रसाद' नामकरण करवाया
बादशाह को 'विजय भेंट' चढ़वाया
गन्नो संग उत्तम भोजन परोसाया
स्वामिभक्त ने सब प्रलोभन ठुकराया
देह छोडनें का मन बनाया

अन्न जल त्यागा, छोड़नें हेतु प्राण
अठारहवे दिन लिया महानिर्वाण

जिस तख़्त आगें, राजाओंने शीश नवाया
वो सुलतान, एक हाथी को झुका न पाया
स्वामी-भक्तों की फ़ौज, जिस राजा संग साथ
ऐसे राणा को जितना, बस की नहीं बात
बादशाह यें सब सोच, हुआ नतमस्तक
मेवाड़ गौरव का ऊँचा रहा मस्तक
'अब्दुल कादिर बदायूं'नी लिखें युद्ध दास्ताँ
वीर रामप्रसाद की शौर्य-पराक्रम महानता

जानकारी:

१. वीर रामप्रसाद अपने सूंड में पिच्यासी किलो वजन की तलवार उठाते, शत्रु सैनिक, घोड़े और हाथियों पर लगातार वार करते और उन्हें मौत के घाट उतारतें. वे काफी बलशाली, वीर, साहसी और समज़दार थे, उन्हें माहुत की भी जरुरत नहीं पड़ती. राजपूत सेना के इस मुख्य हाथी के पराक्रम और शौर्य की गाथा अब्दुल क़ादिर बदायूंनी (मुग़ल सैनिक जो युद्ध में शामिल थे) ने 'मनतख़ब-उत-तवारीख़' अपने एक ग्रन्थ में की है.

२. रक्त-तलाई: हल्दीघाटी युद्ध की प्रचंड मारकाट और भीषण संहार उपरान्त पूरी युद्ध-भूमि रक्त से भर गयी और किसी रक्त के तालाब 'तलैया' जैसे दिखने लगी जिससे इस क्षेत्र को 'रक्त-तलाई' नाम से जाना जाने लगा.

*इस युद्ध में हाथी और गजसेना का योगदान युद्ध नतीजे में निर्णायक रहा. युद्ध में राणा के घोड़े चेतक ने दोनों पाँव 'मर्दाना' (मानसिंघ के हाथी) के मस्तक पर जमायें और राणा ने भालें से मानसिंघ पर प्रहार किया, मानसिंघ हौद के पीछे छिप गया, वार चुका और मर्दाना का माहुत मारा गया. परन्तु, इसके बाद अपने पाँव नीचे लेते समय चेतक का आगे का पाँव मर्दाना के सूंड में लगी तलवार से घायल हुआ और बस यहाँ से युद्ध का परिणाम बदल गया. चेतक के घायल होने से राणा प्रताप कमजोर पड़ गयें और उन्हें युद्धभूमि छोड़नी पड़ी. चेतक ने अपनी जान की बाज़ी लगा कर राणा को रणभूमि के बाहर सुरक्षित स्थान पर ले आये. इस घटना से शत्रु सेना में जोश आ गया. लुगा और रामप्रसाद के माहूत न मरतें तो राजपूत गजसेना की कड़ी कमजोर न पड़ती. मर्दाना न होते, तो चेतक न मरतें, इसीलिए हाथियों की भूमिका निर्णायक रही, चाहे वो किसी भी पक्ष के क्यों न हो.

<u>अर्थ:</u>
तलैया= छोटा तालाब
'लूगा' 'रामप्रसाद'= महाराणा की गजसेना के प्रमुख हाथी
'मर्दाना'= मानसिंह का हाथी
'गजमुक्त','राजराज','पंजरणमदार','गुलफ़ाम' = मुग़लों के मुख्य हाथियों के नाम

4. काल: एक सत्य

उज्जैन पुण्यनगरी, पुरानी
आओ सुनातें, कथा सुहानी
राजा प्रतापी, श्री विक्रमादित्य
जनहित जिनका, परम दायित्व
शूरवीर उदार, सुजबुझ की खान
सत्य धर्म न्याय, का करतें सम्मान
ऐसा राजा, देखा दुर्लभ
जो भेस बदल, घुमें सुलभ
रात्रि अपरात्रि, घूमता जायें
जन-मन भेद, पता लगायें

ऐसी ही एक, प्रसंग अचानक
घूमने निकला उज्जैनी प्रशासक
घूमते हुए एक, रीछ (भालू) दिखलाया
अचंभित राजा, मन में बौखलाया
उत्सुकतावश हो लियें पिछ
पीछे राजा आगे रीछ
ना हो कोई जीव-हानि
राजा ने अपनी, कमान सम्हाली
कुछ समय, के उपरान्त
बदल दिख़ा, अकस्मात
रीछ हुआ, युवती में परिवर्तित

राजा विस्मय, अचंभित चकित
रास्तें में दो भाई, मिलें
सुन्दर युवती से, नैन मिले
दोनों भाई , बंध गयें मोहपाश
दोनों के मनमें, सुंदरी की आस
युवती ने परिचय दिलाया
खुद को अबला, बेसहारा बताया
भाइयोंने ढाढस बंधाया
सुरक्षा का आश्वासन दिलाया
युवती को लगी, अब भूख प्यास
भाई चले, पूर्ण करने आस
बड़े ने दिखायीं, उदारी
छोटे को दी, सुरक्षा जिम्मेदारी
बड़ा भाई, गया भोजन लेने
छोटा कुंवे से, पानी खेंवें
युवती करें, कनखियोंसे परिहास
छोटे ने कर दिया, नजरअंदाज
बोला आप बड़े भाई, की अमानत
रहो सीमा में, शालीन सलामत
युवती ने देखा, बड़े को आते
विलाप शुरू, केश बिखराते
करने लगी, रुदन निरन्तरा
बहाएं मगरमच्छ, अश्रुधारा
बोली नीच, तुम्हारा अनुज भाई
व्यभिचार करते, लज्जा नहीं आई
छोटा भाई दे, रिश्ते की दुहाई
झूठ बोलते, लाज नहीं आयी

आरोपों पर, प्रत्यारोप
सुंदरता का यही प्रकोप
अपनी बात पे, सभी अडिग
दोनों भाई, हुयें क्रोधित,
सुंदरता के मोहपाश, में जकड़ें
रिश्तोंकी जब, धज्जियाँ उखड़े
दोनों भाई, आपस में भिड़ें
तलवारें निकाल, आपस में लड़ें
टकराई तलवारें, हुआ घमासान
लड़कर लिए, एक दूसरे के प्राण

युवती करें, प्रचंड अट्टहास
हतप्रभ राजा, हुआ निराश
सुंदरी बढ़ चली अब आगे
राजा हो लिए उनके पीछे
युवती ने अब काया बदली
कोमल देह से, नागिन निकली
गिरकर नदी में, लगी तैरने
अगले गंतव्य, शिकार से मिलने
आगे दिखी एक, नौका विहार
जिसमें तीर्थ यात्री थे सवार
नागिन उछल के, कूदी नैया में
अफरातफरी मची, नौका में
वजनसे एक और, झुकी नौका
यात्री सब डूबें, मची हाय-तौबा
यात्रियों नें ली, जल समाधी

जान, माल, वित्त की हुई बर्बादी

सर्प ने धारी अब, मानव काया
राजा ये सब, देख ना पाया
मायावी अपना, जाल फैलायें
निर्दोष कालके, गाल समायें
माया जाल ये, समझ ना पायें
राजा बस, देखता ही जायें
राजा अब हो, गए दक्ष
पहुंचे मायावी, के समकक्ष
तुरंत दी, अपनी पहचान
घटित विवरण, दिया साक्ष प्रमाण
राजन मांगे, उनसे परिचय
प्राण हरने का क्या आशय ?
मायावी रखें, इक पल मौन
फिर बोलें राजन, ध्यान से सुन
मैं तो हूँ काल का, इक दास
प्राणियोंके गलेमें, डालता फास
जिसका अंतिम, समय हो पास
उसे बनाऊं, काल का ग्रास
जिसका जैसे, काल निर्धारित
मृत्यु आएं, कर्म आधारित
अब ले लो तुम, कल की ही बात
पेड़ के ऊपर, एक किसान,
कॉंट रहा था, उसकी डाल
रीछ बन पहुंचा, मैं उस डाल

रंगभीनें मोती

भार से अपनी, तोड़ी डाल,
गिरा किसान, छूटें प्राण
लड़कर दोनों भाइयोंको था मरना,
यात्रियोंकी नाव थी डूबना
जिसका जैसा लिखा प्रारब्ध
अंत लाता काल कटिबद्ध
मैं तो बना, मात्र निमित्य
पुरा किया, अपना दायित्व
जब जो चाहूँ, रूप वो धर लूँ
रीछ, नारी या सर्प में बदलूँ
जब जब होगा, आदेश जारी
सबके मृत्यु की, आयेगी बारी
सों हे राजन, मत कर आक्षेप
विधिलेख में, न चलें हस्तक्षेप

❦❦❦

काल का आना है, अनिवार्य,
करता निरंतर, अपना कार्य
जो भी है पूर्व निर्धारित,
समय- समय, में होगा घटित
पुण्य कर्म करते, रह संचित ,
मृत्यु से रहें, कोई न वंचित।
विचित्रताओं से, भरा संसार
दम्भ से मारे, सब हुंकार
पर काल मारें, जब फुंकार
सब पहुंचे, मृत्यु के द्वार
उत्सुक जानने तुम, अपना काल

डॉ. विजय

पर ये अधिकार, तुम्हें नहीं प्राप्त
राजा बोले हे महानुभाव,
मनमें जिज्ञासा का इक भाव
सिद्ध साधु, योगी महाज्ञानी
खुद को समझें क्यूँ, काल विजेता ?
हंसकर बोले, कालदेवता
नासमझ बुद्धि की, ये है इक और विचित्रता
एक बात की बाँधी लो गाँठ
काल को नहीं दे ,सकता कोई मात

योगी भोगी, धर्मी अधर्मी
विविधता से सजी ये भूमि
जीवन रंगमच, सब रंग कर्मी
संसार विचित्रताओं की रंगभूमि
पूर्ण हुआ जब परिसंवाद,
राजन ने लिया आशीर्वाद
काल ने ली, अब विदाई
अंत में फिर, बात दोहराई
समय, काल से, अछूता न कोई
समय, काल, से बढ़कर न कोई
अंतिम सत्य मान लें यह बात
काल महान, ये सत्य निर्विवाद
काल महान, ये सत्य निर्विवाद

5. घी का ऋण

संत-साधुओंका इतिहास पुराना
सनातन नामी अखाडा 'जूना'
'जूना' की शाखा 'दत्त'
शामिल महंत, साधु-संत
शाखा संतो का उज्जैनी ठीकान
क्षिप्रा को मानें बहन समान
संत-नदी का ऐसा भी नाता
मानव -सृष्टि को और करीब लाता

क्षिप्रा हुई विष्णु-रक्त से उत्पन्न
तेज बहाव, निर्मलता, गुण संपन्न
तट पर बसें कईं सिद्‌ध क्षेत्र धाम
मृत्युंजय महाकालेश्वर ज्योतिर्लिंग नाम
हरसिद्‌धि, गढ़कालिका, काल-भैरव नाथ
चिंतामन गणेश,राम जनार्दन, मंगल नाथ
भर्तृहरि गुफा, त्रिवेणी तट, नृसिंह घाट
गऊ घाट, सांदीपनि आश्रम, रामघाट
महाकाल चरणोंमें, निरंतर समर्पण
सिद्‌धवट पर पिंडदान और तर्पण

(बहुत वर्षो पूर्व)......

डॉ. विजय

उज्जैनी पड़ा भीषण अकाल
अन्न-जल विरहित, जनता बेहाल
महंत करें क्षिप्रा से प्रार्थना
दया करों, दूर करो विडम्बना
नहीं करेंगे आपका कभी लांघन
संत आदर से मानेंगे, बहन
बहन ने भाई का निवेदन स्वीकारा
अकाल से जनता को दिया छुटकारा
तबसें चली, दत्त अखाडा परंपरा
क्षिप्रा को मिलें बहन समान वन्दना

इक बार हुआ विशाल आयोजन भंडारा
अन्न में कम पड़ीं घी की धारा
मठ में थी घी की कमतरता
बिना घी-भोजन, निम्न गुणवत्ता
नदी-पार से लाना, बड़ी विवशता
घिरा धर्म संकट, समय नाजुकता
व्यथा महंत ने, क्षिप्रा बहन को सुनवाया
क्षिप्रा का जल व्यंजनों में मिलाया
जल ने दिखाया घी का प्रभाव
बना प्रसाद, स्वादिष्ट लजीज भाव

बहन ने सुनी भाई की पुकार
रुचकर, लजीज भोजन जायकेदार
सफल रहा भंडारे का आयोजन

क्षुधा-तृप्ति (आत्म-संतुष्टि) से हुआ पूर्ण समापन
महंत ने बाज़ार से घी मंगवाया
ऋण बराबर घी, क्षिप्रा में बहाया-(जितना लिया था बहन से)
बहन ने भाई का मान रखायां
तो भाई ने भी बहन का कर्ज़ा लौटाया

❦❦❦

भाई बहन की रखता लाज,
बहन भाई का रखती मान
क्षिप्रा रखें संत भाइयोंका मान
भारत की नदियाँ, सबसे महान
इनसें ही, संपन्न खेत खलिहान
फूल-फलों से बहरें बागान
समय पैं सहयोग कर, बचाती लाज
मनोरथ सफल, पूर्ण करतीं काज
जिंदगी के संग भी, जिंदगी के बाद भी
करती रहती प्राणियोंका उद्धार
ऐसी महिमावान नदियों कें
श्री-चरणोंमें शीश बारम्बार

❦❦❦

सन्दर्भ: २००५ में उज्जैन यात्रा के दौरान क्षिप्रा नदी में नौका विहार करते हुए नौका परिचालक ने ये घटना मुझे बतायीं, जिसका ऊपर यें कविता रचीं गयीं. भारत के प्रसिद्ध संत अखाड़ा - 'जूना' अखाड़ा की शाखा 'दत्त' अखाड़े के गुरु और संत परम्परा के अनुसार उज्जैन की प्रसिद्ध नदी क्षिप्रा को अपनी बहन मानते है और उसे किसी भी अवस्था में कभी

पार नहीं करते चाहें, कितनी भी बिकट समस्या ही क्यों न आन पड़ें. बहन क्षिप्रा ने समय-समय पर अपने संत भाइयो पर आयी हुई विपदा में उनका साथ दिया और उस विपत्ति से निपटने में संत भाइयोंकी हरदम सहायता कीं. भारत की महान नदियाँ और उनके निस्वार्थ सेवा और उदारता को शतशः नमन.

6. राय-बहादुर सर गंगाराम: आधुनिक शहरों के शिल्पकार

हिन्दुस्तान में एक नामी गिरामी नाम
'राय-बहादुर सर गंगाराम'
इंजीनियर, उद्यमी, साहित्यकार
कृषि विशेषज्ञ, वास्तुविद, रचनाकार
आधुनिक लाहौर के शिल्पकार
निर्माण-कार्योंसे किया शहर सुधार
लाहौर, दिल्ली, फैसलाबाद, पटियाला
पुराने शहरो का कायापालट कर डाला
नव-निर्माण से बढ़ायीं विकास रफ़्तार
आधुनिक तंत्र- प्रणाली का किया प्रचार
कपडा उद्योग में तंत्र-शैली विस्तार
नव-संसाधनो सें कृषि में लायीं बहार
बंजर खेतों की बढ़ायीं पैदावार
टेक्नोलॉजी पर उनकी आस्था गहरी
लीलपुर बंजर भूमि, कर दी हरी-भरी
पुरानी इमारतों का किया पुनर्निर्माण
पावर हाउस, म्यूजियम, सरकारी दालान
पोस्ट ऑफिस, स्कूल-कॉलेज, यूनिवर्सिटी निर्माण
हर प्रोजेक्ट का लक्ष्य, लोक कल्याण
विकास-कार्य में लेतें पुढाकार

भावना दिल में लिये परोपकार
लाहौर में बनवाया बड़ा अस्पताल
जंहा मिलें गरीबों को, चिकित्सा तत्काल

१९४७ का देश विभाजन
हिन्दू मुस्लिम समाज विघटन
उपद्रवी दंगाइओंका होता जमाव
नफरत, हिंसा, सांप्रदायिक तनाव
हिन्दू स्मारकों पर किया निशाना
उद्देश्य हिन्दू स्मृति-अवशेष मिटाना
माल रोड* पर स्थित गंगारामजी का पुतला
मुस्लिम भाइयोंने किया पुतले पर हमला
कालिख पोत, किया पत्थरोंसें प्रहार
चढानें एक निकला जूतों का हार
इतने में आ गया पुलिस का दल
हुई फायरिंग, दंगाई हतबल
एक दंगाई पुतले पर था चढ़ा
आनन् फानन में सर के बल आ गिरा
सर पे चोट, बहीं खून की धारा
उसके साथियों ने उसे संभाला
इतनेमें एक साथी चिल्लाया
'ले जाओ इसे गंगाराम अस्पताल,
वही मिलेगी अच्छी चिकित्सा तत्काल
हो गयी देर, तो समझो गयी इसकी जान,
पुतले को छोडो, भागो अस्पताल'

ये था व्यंग या कहें विडम्बना
अच्छाई के आगे, बुराई को पड़ा झुकना
जिसकी स्मृति चाहतें थे तोड़ना
उसी कें अस्पताल में दाखिल होना पड़ा
अच्छायीं करती रहती नेक काम
जीवन भर, जीवन उपरान्त
चाहें दो मान या करों अपमान
विचलित न होते जनहित सिद्धांत
विकास पुरुष सर गंगाराम
आदर में उनके श्रद्धा-प्रणाम

प्रसंग:

ये कविता स्वंत्रतता पूर्व हिन्दुस्तान कें जानें मानें समाज सुधारक आदरणीय राय-बहादुर सर गंगाराम जी के जीवन कार्य, उनकी महान उपलब्धियां और उनके मृत्यु के उपरान्त, कुछ वर्षो बाद देश विभाजन के समय हुई एक घटना पर आधारित है, जिसमें कुछ उपद्रवियों ने *लाहौर के माल रोडमें स्थितउनके पुतले का अपमान किया था (रिफरेन्स: गूगल और विकिपीडिया में दिया गया है), जिसके आधार पर ये कविता बनायीं गयी है. इस घटना को एक "शोकांतिका" भी कही जानी चाहिये या "विडम्बनात्मक व्यंग" भी की जिस महान समाजसेवी आदमी की प्रतिमा को समाज उपद्रवी, विध्वंसकारी तोड़ने लगें, उस प्रतिमा नें उनका अपमान सब बर्दाश्त किया (पत्थर, कालिख और जूतों की माला तक), पर जब वो एक उपद्रवी नीचे गिरा तो उसे

उपचार की आवश्यकता पड़ीं, तब इलाज के लिए उसें उसी अस्पताल में जाना पड़ा, जिसका निर्माण उसी महान इंसान नें बनाया था- जिसकी प्रतिमा उपद्रवी तोड़ने चलें थे. जब उन्हें ये सच्चाई पता चली होगी, तो वे अपना चेहरा शर्म के मारें किसे दिखने लायक नहीं रहे होंगे.ये घटना बताती है, अच्छाई कभी व्यर्थ नहीं जाती और मृत्यु के बाद भी अपना कार्य करती रहती है. बुराई कितनी भी ताकतवर क्यों न हो, उसें अच्छाई की शरण में आना पड़ता है या अच्छाई की मदद लेनी ही पड़ती है. अच्छे आदमी द्वारा किये नेक काम हमेशा सम्मान बढ़ाते है.

7. गुरु-महत्ता

गुरु ही विष्णु, गुरु ही ब्रह्मा
गुरु ही शिव, गुरु ही परब्रम्हा
कहता भारत, साहित्य दर्शन
गुरु महत्ता का, विस्तृत वर्णन
शास्त्रों में एक, प्रसंग पाया
बृहस्पति -शुक्र, संवाद दिखाया
दोनों गुरु, देव- दानव के,
करते उत्थान, अपने समाज के

बृहस्पति जी की, एक कन्या सुकुमारी
बिता बचपन, आयी विवाह की बारी
हुआ पूर्ण जब, कुंडली मिलान
दोनों गुरुओंकी हुईं, भौंहें तान
आकलन जब, हुआ सकल
निकला वैधव्य, योग प्रबल
वधु-कन्या की, कुंडली निर्बल
पति मृत्यु करेगीं, जीवन हतबल
जब जिससे भी, होगी शादी
अमंगल घटित, होगी बर्बादी
प्रथम रात्रि में ही, होगा अनर्थ
जीवन बन, जाएगा नर्क

विधि का अद्भुत, अनोखा चक्कर
जिसकें आगे, सब निरुत्तर
दुविधा कर गयीं, मन में घर
सबका दिल, आया भर
विवाह तो नहीं, सकता था टल
पिता हृदय, द्रवित पल पल
ये मेरे किस, कर्म का फल ?
काल को कौन, करेगा विफल ?
दिखता नहीं, कोई जब हल
मनुष्य हो जाता, हतबल
शुक्र जी, से हुई मंत्रणा
हो चमत्कार, टल जाए घटना
शास्त्र में कोई, हल मिल जाए
बेटी का जीवन, बच पाए
शुक्राचार्य जीने, रखा विचार
कर दो विवाह, विधि संस्कार
मिलन की बेला, आने पर,
रखेंगें दृष्टि वधु -वर पर
दोनों पर रहेगीं, दृष्टि अटल
जब तक विपदा, जायें न टल
शुभ दृष्टि युगल, पे बनी रहेगी
चिंता, ममता से दुरी रहेगी
पल भर भी न, दृष्टि झपकेगी
शंका भय, न त्रुटि रहेगी
गुरु बृहस्पति, हुए हैरान
तर्क संगत, नहीं समाधान

रंगभीनें मोती

नहीं लांघनी, नैतिकता की सीमा
रिश्तों की होती, मर्यादा गरिमा
विधि के लेख, तो पूर्व निर्धारित
होनी बदलेगी ? ये भी प्रश्न चिन्हित
शुक्र जी ने, फिर वोहीं दोहराया
समझाकर, देव गुरु को मनवाया

समय बढ़ता, मिलन को आन
गुरूओने भी, लिया संज्ञान
दोनों गुरुओंकी थी, कठिन परीक्षा
कर रहे थे, विपदा की प्रतीक्षा
योजना हुई, सफल कार्यरत
युगल को तांकतें, गुरु एकटक
युगल रात्रि, सम्पूर्ण गयी बीत
न अमंगल, न अनहोनी घटित
विस्मय से दोनों, गुरु चमकें
सूर्य प्रकाश में काल, जब प्रकटें
रात्रि से करता, इंतज़ार
प्राण ले जाने, तत्पर तैयार
कालदेव जताते, अपनी असमर्थता
गुरुशरण में युगल, पास काल कैसे भटकता ?
बस एक पल भी, हो जाती दृष्टि भटक
काल का काम, हो जाता निपट
काल खाली हाथ, चल पड़ें
गुरुदेव स्तब्ध, विस्मय से खड़ें
दोनों देतें, परस्पर धन्यवाद

डॉ. विजय

गुरु महत्ता है, निर्विवाद

जिसपर गुरु की हो, दृष्टि अटल
काल, संकट भी जाएगा टल
गुरु कृपा में, है वो बल
निर्बल भी बन, जाये सबल
गर त्रुटि, भूल, साधना भंग
गुरु कृपा से, बदले हर रंग
अनहोनी होनी, बन जाती
गुरु शक्ति, शिष्य को बचाती
भटके को वो, मार्ग दिखाती
कुण्डलिनी, जागृत हो जाती
असाध्य कठिन, सिद्धि, तप, विद्या
सरल, सुलभ, साध्य, सिद्ध हो जाती

गुरु ही आत्म-ज्ञान प्रसारक
गुरु ही बनता पथ प्रदर्शक
गुरु बिन, कोई विद्या नाही
गुरु महिमा, त्रिमूर्ति गायी
जब तक रहे, जीवन और मरण
मिले गुरु कृपा, सान्निध्य -शरण

भारत के सभी महान गुरुओंकों और संतोको समर्पित

8. ब्रज की होली

रंगबिरंगा आसमान हो
रंगरंगिली धरती
बसंतोत्सव की बेलामें
उमंग झोली भरती

है फागुन उदमान भरासा
बौर आमका चोखा
टेसू के फुलोंका उत्सव
कोंपल फबन भी देखा

सतरंगी किरणोंसे धराको
उदित रवी भिगाता
वृक्ष लता का लहलहाना
मनको खुब लुभाता

कोयल गाती, राग सुनाती
मधुव्रत गूँजन करता
किरणोंका वृक्षोसे झरना
धनक छविसा लगता

ब्रज की होली रंग पर्व है
प्रितरंग का खेला
गाल लाल,माथेपर केसर
मस्तानों का मेला

कान्हा सृष्टीके रंगोसे
ब्रज में खेले होली
कनुप्रिया की अंचल चोली
कान्हासी निली-निली.....
लज्जा की मुखपर लाली....

कलियुगीं मीरा: अनुराधा हवालदार, नागपूर

9. भक्त गजराजन केशवन

केरल में, बसें हाथियों का संसार
उन्हें मिलता वँहा, असीम प्रेम प्यार
पुत्र समान, लोग करते दुलार
हाथी उनके, सखा- परिवार
पूजतें उन्हें हर त्यौहार उत्सव
हाथी - केरल संस्कृति गौरव

दर्शन करों कभी, गुरुवायुर धाम
"गजराजन केशवन" का सुनोगे नाम
पालखी यात्रा में, पातें प्रथम सम्मान
ईश्वर समकक्ष, मिलता था मान
जीवन भर, सेवा में समर्पित
अंत समय, प्रभु चरणों में अर्पित
दिन एकादश, किया निर्जल उपवास
आरती, शंख ध्वनि संग अंतिम प्रवास
सूंड उठा कर की, वंदन मुद्रा
भक्ति में डूब, ली चिर निद्रा
भक्त-सूचि में आप रहेंगे अग्रणी
गजराजन केशवन - भक्त शिरोमणि
गजराजन केशवन - भक्त शिरोमणि

भक्त "गजराजन केशवन":

केरल के गुरुवायुर मंदिर के इतिहास में भक्त "गजराजन केशवन" का नाम एक ध्रुव तारें के रूप में अमिट जुड़ा हुआ है. पचास वर्षोसे भी ज्यादा उन्होंने मंदिर में अपनी सेवा दी. उनकी उम्र चौसठ बरस रही. दस वर्षीय बाल केशवन जब मंदिर आएं (उन्हें मंदिर में दान कर दिया गया था) तब काफी नटखट, शरारती और बहुत चंचल थे. मंदिर प्रांगण में उधम मचाते. मंदिर पुरोहित नें उन्हें माखन का बड़ा गोला प्रसाद रूप में खिलाया और तब से वे बहुत शांत हो गए. ऊँची कद, विशाल देह और लम्बी सूंड (जो जमीं को स्पर्श करती थी) ऐसी आकर्षक कदकाठी वाले केशवन को "गजराजन" की उपाधि मिली.

त्रिशूर के "पूरम फेस्टिवल" में जो हाथी अपने मस्तक के ऊपर रखी भगवान् कृष्णा की चौकट प्रतिमा (थीडाम्बू) को ज्यादा समय तक मस्तक ऊंचा करके ज्यादा देर रखता है, उस हाथी को सर्वश्रेष्ठ माना जाता हैं. गजराजन केशवन इसमें प्रवीण थे. केशवन हमेशा शांत, आज्ञाकारी और ईश्वरभक्त रहे. उन्होंने कभी किसी व्यक्ति को चोट नहीं पहुंचाई. गुरुवायुर भगवान् की हर पालखी यात्रा में प्रथम सम्मान, मान उन्हें ही मिलता था. एक बार ये मान किसी दूसरे हाथी को मिलना था तब केशवन गुस्से में आ गए थे और आक्रामक हुए थे (पर कोई अहित नहीं पहुँचाया किसीको), ये क्रोध भी उनकी अगाध ईश्वर प्रेम और भक्ति ही बताता है. बाद में ये मान हमेशा उनके ही पास रहा. ईश्वर की प्रतिमा देखते ही वें जोश- उत्साह से अपना जंजीर से बंधा पैर जोर जोर से खम्बे से टकराते और उनकी ईश्वर से मिलने की आतुरता दर्शातें थे. ईश्वर की प्रतिमा देखते ही

वें सम्मान के साथ अपना आगे के दो पैर निचे झुका लेते. पुरोहित जिनके हाथ में भगवान् गुरुवायुर की प्रतिमा होती, सिर्फ उनको ही वें आगे के पैर से अपने ऊपर चढ़नें देते थे, छत्र धारक या बाकि पुरोहित हमेशा उनके पीछे के पैर से ही उनके ऊपर बैठ सकते थे. मंदिर के अंदर वो अपने ऊपर किसी माहुत को भी नहीं बैठने देते थे. अंतिम समय में जब वो बीमार हुए और अपनी सेवा नहीं दे सकें, तो अपने जीवन के आखिर दिन उन्होंने अन्न-जल त्याग दिया, गुरुवायुर एकादशी के दिन उपवास रखतें हुए आरती-शंख नाद के समय उन्होंने भगवान् गुरुवायुर के आगे अपनी सूंड उठाकर वंदन मुद्रा में अपने प्राण छोड़ें. भक्त शिरोमणि गजराजन केशवन अपनी सेवा भक्ति से भक्त-सूचि में अग्रणीय एवं सम्माननीय स्थान लिखा गए. इनके ऊपर प्रांतीय भाषाओ में फिल्म और टीवी सिरिअल्स भी बनें.

२०१४ में मैंने जब मंदिर प्रवेश द्वार पर इनकी विशाल प्रतिमा के दर्शन किये तब वहा के पुरोहित से ऊपरी जानकारी प्राप्त हुई, जो मैंने ऊपर लिखी. गजराजन केशवन की स्मृति और सम्मान में मंदिर गर्भगृह द्वार पर उनके हाथी दांत और उनका फोटो लगाया गया है.

10. राम-शाम अवतार

राम उद्धारें कुल सूर्यवंश
शाम जन्मे कुल चन्द्रवंश
राम तेज बारह कलापूर्ण
सोलह कलासें शाम परिपूर्ण
जन्म हुआ महल आवास
शाम ने जन्म लिया कारावास
जन्मपे नगर उत्सव मनाया
पुत्र को जन्मपे पिता ने छिपाया
चार भाइयोमे राम अग्रज
शाम ने खोये छह अग्रज[1]
माता पिता जन्मसे आनंदित
कंस के भय से पालक भयभीत
मिली माँ पिता गुरु की छत्र
यमुना पार समय शेषनाग दे छत्र[2]
राम लला की छटा मनभावन
शरारती नटखट कान्हा मनमोहन
राम का बचपन राजसी ठाँठ
शाम झूमें ग्वालबालोकें साथ

सियाराम आदर्श विवाहित युगल
राधेकृष्ण आदर्श प्रेमी जुगल
शिवधनुष तोड़ जीतीं सीता

रुख्मणि हरण कर प्रेयसी दिल जीता
राम करें अहिल्या उद्धार
शाम तारें बंदिनी सोलह हज़ार[3]
चखें जूठे बेर शबरी कें
खायें पोहे सुदामा मित्र कें
मंथरा पायी क्षमा और राम भक्ति
कुब्जा को दी विकृति से मुक्ति
केवट के संग रही सहिष्णुता
विप्र सुदामा संग निभाई मित्रता
केवट पखारें राम के पाँव
शाम ने धोये सुदामा के पाँव

आज्ञाकारी सहोदर लक्ष्मण
बलशाली न्यायी दाऊ संकर्षण[4]
राम भक्त स्वामीनिष्ठ अंजनेय
शाम सखा धनुर्धर धनञ्जय[4]
रहे अग्रणीय प्रतिद्वंदिता या होड़
कालयवन के आगे शाम रणछोड़
राम ने सहा पत्नी वियोग
सत्यभामा देती युद्ध में सहयोग[3]
राम को मिला अपनों का साथ
शामने किया अपनों का संहार[5]
पायें आज्ञावान मित्र दास दिग्गज
मारें मामा, भाई और कुलवंशज[5]
हनुमत उठा लाये द्रोणगिरि
शाम करंगली पे गोवर्धन गिरि

डॉ. विजय

लंका पार हेतु तोडा समुद्र अहं
द्वारका डूबी समुद्र के तहँ
मारें ताड़िका मारीच सुबाहू
मारें पूतना बाणासुर चाणूर
मारें खर दूषण कुम्भकर्ण रावण
मारें कंस नरकासुर कालयवन
संघटित की वानर सेना
बनायीं संहारक नारायणी सेना
युद्ध में था बाहरी द्वंदव
शाम घिरे कौटुम्बिक कलह
युद्ध निति पराक्रम शौर्य
कूटनीती छल कपट निर्दय
सर्व शत्रु हनन एक युद्ध पटल
छदम युद्ध सें मारें शत्रु जटिल[6]

राम रहे सदा निर्विवाद निष्कलंक
शाम माथे स्यमन्तक चोरी कलंक[7]
रीछराज संग रही निष्ठा मित्रता
जाम्ब्वंतजीके बनें जमाता[7]
पातें रहे सदा आशीर्वाद
शाम स्वीकारें कटु शाप[5]
राम पुत्र थे पिता भक्त
साम्ब रहे व्यसनी आसक्त
लव कुश ने किया कुल का नाम
साम्ब कारण यदुवंश नाश तमाम[5]
राम ने ली जल समाधी

शाम को मारें जरा पारधी[8]
राम कहलाएं सम्पूर्ण योगी
शाम कहलाते भोगी और योगी

सिया के आदर्श राम
मीरा के मनमोहन शाम
राम थे प्रजापालक
शाम थे निति प्रशासक
राम मर्यादा पुरुषोत्तम
चतुर शाम धर्मोपदेशक उत्तम
राम कर्तव्य दक्ष परिपूर्ण
शाम कूट राजनीतिज्ञ निपुण
आदर्श राजा का प्रमाण प्रस्थापित
गीता सें कर्मयोग परिभाषित
आदर्शता को किया स्थापित
धर्म को किया विस्थापित

राम रूप में दिखें सच्चाई
शाम रूप में झलकें चतुराई
सत्य-धर्म ने नित जीत पायीं
अधर्मियोनें मुँह की खायी
दो महान अवतारोंसें हुई
नित जनहित मानवता की भलाई
सत्य, धर्म, न्याय, परमार्थ नींव ने
आर्यावर्त में मजबूती पायीं[9]

डॉ. विजय

दोनों ही जगत के पालन हार, ऐसे ही दोनों लेते रहे अवतार
जय जय राम जय जय राम, जय जय शाम जय जय शाम

❦❦❦

सन्दर्भ:

1. कंस ने शाम के छह बड़े भाइयोंको जन्म लेतेहिं मार डाला

2. शेषनाग ने भरी बारिश में छत्र दिया और यमुना पार की वसुदेवजीने (शाम के पिता ने)

3. शाम और सत्यभामा ने युद्ध कर नरकासुर को मारा. नरकासुर की कैद में बंधित सोलह हज़ार नारियोंको पत्नी के रूपमें स्वीकार कर उनका उद्धार किया

4. दाऊ संकर्षण = शाम के बड़े भाई बलराम जी के नाम; अंजनेय = वीर हनुमानजी; धनञ्जय = वीर अर्जुन

5. गांधारी द्वारा कृष्णा को सम्पूर्ण यदुवंश के नाश का शाप मिला. शाप स्वरुप ऋषि का उपहास उड़ाने के कारण ऋषि शाप से शाम पुत्र साम्ब (जो दुर्व्यसनी थे एवं बड़ो का आदर नहीं करते थे) के पेट से मुसल निकला, उस मुसल के कण से वनस्पति उगी जो आगे यादव कलह में अस्त्र के रूप में उपयोग हुई और यादव वंश का कारण बनी. यदुवंश नाश के समय प्रथम शस्त्र शाम ने ही उठाएं थे. शाम ने अत्याचारी मामा कंस और दुष्ट भाई शिशुपाल का वध पहले ही कर दिया था

6. रावण युद्ध में सब शत्रु को एक साथ मारा. शाम को शिशुपाल, जरासंध, कालयवन, नरकासुर तथा कई दुष्ट पराक्रमी राजाओं को छद्म युद्ध से अलग अलग तरीके से मारना पड़ा.

7. रीछराज जाम्ब्वंतजी: रावण से युद्ध में राम का साथ दिया. स्यमन्तक मणि के चोरी का आरोप लगनेपर मणि के खोज समय शाम ने इन्हे बलपूर्वक हराकर मणि प्राप्त की. शाम ने इनकी पुत्री जांबवंती से विवाह रचाया.

जरा पारधी = जरा नाम का शिकारी
आर्यावर्त = भारत,
जमाता = जमाई
गिरि = पर्वत,
अहं = अहंकार,
तँह = गर्त, तल

11. मौत का जश्न

जीवन जैसी खुबसुरत
मौत भी उतनी ही प्यारी
जो तन को है सुकूँ दिलाती
दिल की ठंडक हमारी

जिंदगी की भागदौड से
ये आराम दिलाती
जो अहंकार से मत्त होता है
उसको सबक सिखाती

कोई जन्म का जश्न मनाता
कोई मौत का मातम
दुख दर्द भरे दिलोंपर
मौत लगाती मरहम

अंतिम सच ये जीवन का है
कोई न इससे छुटा
आनेवाला हरएक बंदा
मौत की गोद में सोता

जीवनभर जो जोडता चला
दौड भाग कर पाता
एक दिन जब वक्त है आता
सब यही छोडकर जाता

मेरा मेरा करता रहता
छिन नोच कर खाता
फिर जब आखरी समय आता है
घुटनो पर टिक जाता

प्यारी सी ये मौत सिखाती
जीवन कैसे जीना
पाप करेगा ,तो भरेगा
जहर पडेगा पीना

उसके डर से ही दुनिया में
टीक पायी मानवता
अगर अमर होता मानव तो
हाहाकार मच जाता

भय छोडकर इस मित्रको
हस के गले लगालो

जीवन मरण की अटूट जोडी
रामनाम तुम गा लो

डर मौत का मन से निकालो
उसका भी जश्न मनालो
जर्जर होनेवाला कहता
हे प्रभु मुझे उठालो! हे ईश्वर मुझे उठालो!

कलियुगी मीरा: अनुराधा हवालदार, नागपूर

www.ingramcontent.com/pod-product-compliance
Lightning Source LLC
LaVergne TN
LVHW042001060526
838200LV00041B/1824